Impressum
Verlag: BABADADA GmbH, Nedderfeld 112 , 22529 Hamburg
Geschäftsführer / Verlagsleitung: Harald Hof
Druck: Books on Demand GmbH, In de Tarpen 42, 22848 Norderstedt

Imprint
Publisher: BABADADA GmbH, Nedderfeld 112 , 22529 Hamburg, Germany
Managing Director / Publishing direction: Harald Hof
Print: Books on Demand GmbH, In de Tarpen 42, 22848 Norderstedt

die Schule

school

das Klassenzimmer
classroom

dividieren
divide

186/2

die Tafel
board

der Schulhof
school yard

der Lehrer
teacher

das Papier
paper

schreiben
write

der Stift
pen

der Schreibtisch
desk

das Lineal
ruler

das Buch
book

die Schüler
pupil

die Schultasche

satchel

die Federmappe

pencil case

der Bleistift

pencil

der Bleistiftspitzer

pencil sharpener

der Radierer

rubber

der Zeichenblock

drawing pad

die Zeichnung

drawing

der Pinsel

paintbrush

der Malkasten

paint box

die Schere

scissors

der Klebstoff

glue

das Übungsheft

exercise book

die Hausübung

homework

die Zahl

number

addieren

add

subtrahieren

subtract

multiplizieren

multiply

rechnen

calculate

der Buchstabe

letter

das Alphabet

alphabet

das Wort

word

die Schule - school

der Text

text

lesen

read

die Kreide

chalk

die Unterrichtsstunde

lesson

das Klassenbuch

register

die Prüfung

exam

das Zeugnis

certificate

die Schuluniform

school uniform

die Ausbildung

education

das Lexikon

encyclopedia

die Universität

university

das Mikroskop

microscope

die Karte

map

der Papierkorb

waste-paper basket

das Hotel
hotel

die Jugendherberge
hostel

die Wechselstube
bureau de change

der Koffer
suitcase

das Auto
car

die Sprache

language

ja / nein

yes / no

Okay

Okay

Hallo

hello

die Dolmetscherin

translator

Danke

Thank you

Wie viel kostet …?

how much is…?

Ich verstehe nicht.

I do not understand

das Problem

problem

Guten Abend!

Good evening!

Guten Morgen!

Good morning!

Gute Nacht!

Good night!

Auf Wiederschaun!

bye bye

die Richtung

direction

das Gepäck

luggage

die Tasche

bag

der Rucksack

backpack

der Gast

guest

das Zimmer

room

der Schlafsack

sleeping bag

das Zelt

tent

die Touristeninformation

tourist information

der Strand

beach

die Kreditkarte

credit card

das Frühstück

breakfast

das Mittagessen

lunch

das Abendessen

dinner

die Fahrkarte

ticket

der Lift

lift

die Briefmarke

stamp

die Grenze

border

der Zoll

customs

die Botschaft

embassy

das Visum

visa

der Pass

passport

die Reise - travel

der Transport
transport

das Schiff
ship

das Flugzeug
aeroplane

das Feuerwehrauto
fire engine

der Lastwagen
truck

der Bus
bus

das Motorboot
motorboat

das Auto
car

das Fahrrad
bike

die Fähre

ferry

das Boot

boat

das Motorrad

motorbike

das Polizeiauto

police car

das Rennauto

racing car

der Mietwagen

rental car

das Carsharing

car sharing

der Abschleppwagen

breakdown truck

der Müllwagen

refuse truck

der Motor

motor

der Kraftstoff

fuel

die Tankstelle

petrol station

das Verkehrsschild

traffic sign

der Verkehr

traffic

der Stau

traffic jam

der Parkplatz

car park

der Bahnhof

train station

die Schienen

tracks

der Zug

train

die Straßenbahn

tram

der Wagon

carriage

der Hubschrauber
helicopter

der Flughafen
airport

der Tower
tower

der Passagier
passenger

der Container
container

der Karton
carton

der Rollwagen
cart

der Korb
basket

starten / landen
take off / land

die Stadt
city

das Dorf
village

das Stadtzentrum
city centre

das Haus
house

das Kino
cinema

die Werbung
advert

die Straßenlaterne
street lamp

die Straße
street

das Taxi
taxi

der Kiosk
snack shop

der Fußgänger
pedestrian

der Gehsteig
pavement

der Zebrastreifen
zebra crossing

die Mülltonne
bin

die Kreuzung
crossing

die Ampel
traffic lights

die Hütte
hut

die Wohnung
flat

der Bahnhof
train station

das Rathaus
town hall

das Museum
museum

die Schule
school

die Universität

university

die Bank

bank

das Spital

hospital

das Hotel

hotel

die Apotheke

pharmacy

das Büro

office

die Buchhandlung

book shop

das Geschäft

shop

der Blumenladen

florist's

der Supermarkt

supermarket

der Markt

market

das Kaufhaus

department store

der Fischhändler

fishmonger's

das Einkaufszentrum

shopping centre

der Hafen

harbour

der Park

park

die Bank

bench

die Brücke

bridge

die Stiege

stairs

die U-Bahn

underground

der Tunnel

tunnel

die Bushaltestelle

bus stop

die Bar

bar

das Restaurant

restaurant

der Briefkasten

postbox

das Straßenschild

street sign

die Parkuhr

parking meter

der Zoo

zoo

die Badeanstalt

swimming pool

die Moschee

mosque

der Bauernhof

farm

die Umweltverschmutzung

pollution

der Friedhof

graveyard

die Kirche

church

der Spielplatz

playground

der Tempel

temple

die Landschaft
landscape

das Blatt
leaf

der Wegweiser
signpost

der Weg
way

die Wiese
meadow

der Stein
stone

der Baum
tree

der Wanderer
hiker

der Fluss
river

das Gras
grass

die Blume
flower

das Tal

valley

der Hügel

hill

der See

lake

der Wald

forest

die Wüste

desert

der Vulkan

volcano

das Schloss

castle

der Regenbogen

rainbow

der Pilz

mushroom

die Palme

palm tree

der Moskito

mosquito

die Fliege

fly

die Ameise

ant

die Biene

bee

die Spinne

spider

die Landschaft - landscape

der Käfer

beetle

der Frosch

frog

das Eichhörnchen

squirrel

der Igel

hedgehog

der Hase

hare

die Eule

owl

die Vogel

bird

der Schwan

swan

das Wildschwein

boar

der Hirsch

deer

der Elch

moose

der Staudamm

dam

das Windrad

wind turbine

das Solarmodul

solar panel

das Klima

climate

der Kellner
waiter

die Speisekarte
menu

der Sessel
chair

die Suppe
soup

die Pizza
pizza

die Tischdecke
tablecloth

das Besteck
cutlery

die Vorspeise
starter

das Hauptgericht
main course

die Nachspeise
dessert

die Getränke
drinks

das Essen
food

die Flasche
bottle

das Fastfood

fast food

das Streetfood

street food

die Teekanne

teapot

die Zuckerdose

sugar bowl

die Portion

portion

die Espressomaschine

espresso machine

der Kinderstuhl

high chair

die Rechnung

bill

das Tablett

tray

das Messer

knife

die Gabel

fork

der Löffel

spoon

der Teelöffel

teaspoon

die Serviette

serviette

das Glas

glass

der Teller

plate

der Suppenteller

soup plate

die Untertasse

saucer

die Sauce

sauce

der Salzstreuer

salt pot

die Pfeffermühle

pepper mill

der Essig

vinegar

das Öl

oil

die Gewürze

spices

das Ketchup

ketchup

der Senf

mustard

die Mayonnaise

mayonnaise

der Supermarkt
supermarket

das Angebot
special offer

der Kunde
customer

die Milchprodukte
dairy

das Obst
fruit

der Einkaufswagen
trolley

die Schlachterei

butcher's

die Bäckerei

baker's

wiegen

weigh

das Gemüse

vegetables

das Fleisch

meat

die Tiefkühlkost

frozen food

der Aufschnitt

cold meat

die Konserven

tinned food

das Waschmittel

washing powder

die Süßigkeiten

sweets

die Haushaltsartikel

household products

das Reinigungsmittel

cleaning products

die Verkäuferin

salesperson

die Kassa

till

die Kassiererin

cashier

die Einkaufsliste

shopping list

die Öffnungszeiten

opening hours

die Brieftasche

wallet

die Kreditkarte

credit card

die Tasche

bag

die Plastiktüte

plastic bag

das Wasser

water

der Saft

juice

die Milch

milk

die Cola

coke

der Wein

wine

das Bier

beer

der Alkohol

alcohol

der Kakao

cocoa

der Tee

tea

der Kaffee

coffee

der Espresso

espresso

der Cappuccino

cappuccino

die Banane

banana

der Apfel

apple

die Orange

orange

die Melone

melon

die Zitrone

lemon

die Karotte

carrot

der Knoblauch

garlic

der Bambus

bamboo

die Zwiebel

onion

der Pilz

mushroom

die Nüsse

nuts

die Nudeln

noodles

die Spaghetti

spaghetti

der Reis

rice

der Salat

salad

die Pommes frites

chips

die Bratkartoffeln

fried potatoes

die Pizza

pizza

der Hamburger

hamburger

das Sandwich

sandwich

das Schnitzel

cutlet

der Schinken

ham

die Salami

salami

die Wurst

sausage

das Huhn

chicken

der Braten

roast

der Fisch

fish

die Haferflocken

porridge oats

das Müsli

muesli

die Cornflakes

cornflakes

das Mehl

flour

das Croissant

croissant

die Semmel

bread roll

das Brot

bread

der Toast

toast

die Kekse

biscuits

die Butter

butter

der Topfen

curd

der Kuchen

cake

das Ei

egg

das Spiegelei

fried egg

der Käse

cheese

die Eiscreme

ice cream

der Zucker

sugar

der Honig

honey

die Marmelade

jam

der Schokoladenaufstrich

chocolate spread

das Curry

curry

das Bauernhaus
farmhouse

der Strohballen
straw bale

die Scheune
barn

das Feld
field

das Pferd
horse

der Anhänger
trailer

das Fohlen
foal

der Traktor
tractor

der Esel
donkey

das Schaf
sheep

das Lamm
lamb

die Ziege
goat

die Kuh
cow

das Kalb
calf

das Schwein
pig

das Ferkel
piglet

der Stier
bull

die Gans

goose

die Ente

duck

das Küken

chick

das Huhn

hen

der Hahn

cock

die Ratte

rat

die Katze

cat

die Maus

mouse

der Ochse

ox

der Hund

dog

die Hundehütte

doghouse

der Gartenschlauch

garden hose

die Gießkanne

watering can

die Sense

scythe

der Pflug

plough

die Sichel

sickle

die Hacke

hoe

die Mistgabel

pitchfork

die Axt

axe

die Schubkarre

wheelbarrow

der Trog

trough

die Milchkanne

milk can

der Sack

sack

der Zaun

fence

der Stall

stable

das Treibhaus

greenhouse

der Boden

soil

die Saat

seed

der Dünger

fertilizer

der Mähdrescher

combine harvester

der Bauernhof - farm

ernten

harvest

die Ernte

harvest

die Yamswurzel

yams

der Weizen

wheat

das Soja

soy

der Erdapfel

potato

der Mais

corn

der Raps

rapeseed

der Obstbaum

fruit tree

der Maniok

cassava

das Getreide

cereals

der Schornstein
chimney

das Dach
roof

die Regenrinne
drainpipe

das Fenster
window

die Garage
garage

die Klingel
doorbell

die Tür
door

der Abfallkübel
rubbish bin

der Briefkasten
letterbox

der Garten
garden

das Wohnzimmer
living room

das Badezimmer
bathroom

die Küche
kitchen

das Schlafzimmer
bedroom

das Kinderzimmer
child's room

das Esszimmer
dining room

der Boden

floor

die Wand

wall

die Decke

ceiling

der Keller

cellar

die Sauna

sauna

der Balkon

balcony

die Terrasse

terrace

das Schwimmbad

pool

der Rasenmäher

lawn mower

der Bettbezug

sheet

die Bettdecke

bedspread

das Bett

bed

der Besen

broom

der Kübel

bucket

der Schalter

switch

das Haus - house

die Tapete
wallpaper

das Bild
picture

die Lampe
lamp

das Regal
shelf

der Schrank
cupboard

der Kamin
fireplace

der Fernseher
television

die Blume
flower

der Polster
cushion

die Vase
vase

das Sofa
sofa

die Fernbedienung
remote control

der Teppich
carpet

der Vorhang
curtain

der Tisch
table

der Sessel
chair

der Schaukelstuhl
rocking chair

der Sessel
armchair

das Buch
book

die Decke
blanket

die Dekoration
decoration

das Feuerholz
firewood

der Film
film

die Stereoanlage
hi-fi equipment

der Schlüssel
key

die Zeitung
newspaper

das Gemälde
painting

das Poster
poster

das Radio
radio

der Notizblock
notepad

der Staubsauger
hoover

der Kaktus
cactus

die Kerze
candle

der Kühlschrank
fridge

die Mikrowelle
microwave oven

die Küchenwaage
kitchen scales

der Toaster
toaster

das Reinigungsmittel
detergent

der Backofen
oven

das Gefrierfach
freezer

der Abfallkübel
rubbish bin

der Geschirrspüler
dishwasher

der Herd
cooker

der Topf
pot

der Eisentopf
cast-iron pot

der Wok / Kadai
wok / kadai

die Pfanne
pan

der Wasserkocher
kettle

der Dampfgarer

steamer

das Backblech

baking tray

das Geschirr

crockery

der Becher

mug

die Schale

bowl

die Essstäbchen

chopsticks

der Schöpflöffel

ladle

der Pfannenwender

spatula

der Schneebesen

whisk

das Kochsieb

strainer

das Sieb

sieve

die Reibe

grater

der Mörser

mortar

der Grill

barbecue

das Kaminfeuer

open fire

das Schneidebrett

chopping board

das Nudelholz

rolling pin

der Korkenzieher

corkscrew

die Dose

can

der Dosenöffner

can opener

der Topflappen

pot holder

das Waschbecken

sink

die Bürste

brush

der Schwamm

sponge

der Mixer

blender

die Gefriertruhe

deep freezer

die Babyflasche

baby bottle

der Wasserhahn

tap

die Küche - kitchen

das Badezimmer
bathroom

die Dusche — shower

die Heizung — heating

das Handtuch — towel

der Duschvorhang — shower curtain

das Schaumbad — bubble bath

die Badewanne — bathtub

das Glas — glass

die Waschmaschine — washing machine

der Wasserhahn — tap

die Fliesen — tiles

der Nachttopf — potty

das Waschbecken — sink

das Klo — toilet

die Hocktoilette — squat toilet

das Bidet — bidet

das Pissoir — urinal

das Klopapier — toilet paper

die Klobürste — toilet brush

die Zahnbürste

toothbrush

die Zahnpasta

toothpaste

die Zahnseide

dental floss

waschen

wash

die Handbrause

handheld shower

die Intimdusche

douche

die Waschschüssel

basin

die Rückenbürste

back brush

die Seife

soap

das Duschgel

shower gel

das Shampoo

shampoo

der Waschlappen

flannel

der Abfluss

drain

die Creme

cream

das Deodorant

deodorant

das Badezimmer - bathroom

der Spiegel

mirror

der Kosmetikspiegel

hand mirror

der Rasierer

razor

der Rasierschaum

shaving foam

das Rasierwasser

aftershave

der Kamm

comb

die Bürste

brush

der Föhn

hair dryer

das Haarspray

hairspray

das Makeup

makeup

der Lippenstift

lipstick

der Nagellack

nail varnish

die Watte

cotton wool

die Nagelschere

nail scissors

das Parfum

perfume

der Kulturbeutel

washbag

der Hocker

stool

die Waage

weighing scale

der Bademantel

bathrobe

die Gummihandschuhe

rubber gloves

das Tampon

tampon

die Damenbinde

sanitary towel

die Chemietoilette

chemical toilet

das Kinderzimmer
child's room

der Wecker
alarm clock

das Kuscheltier
cuddly toy

das Spielzeugauto
toy car

die Rassel
rattle

das Puppenhaus
doll's house

das Geschenk
present

der Ballon

balloon

das Bett

bed

der Kinderwagen

pram

das Kartenspiel

deck of cards

das Puzzle

jigsaw

der Comic

comic

die Legosteine

lego bricks

die Bausteine

building blocks

die Actionfigur

action figure

der Strampelanzug

babygrow

das Frisbee

frisbee

das Mobile

mobile

das Brettspiel

board game

der Würfel

dice

die Modelleisenbahn

model train set

der Schnuller

dummy

die Party

party

das Bilderbuch

picture book

der Ball

ball

die Puppe

doll

spielen

play

der Sandkasten

sandpit

die Schaukel

swing

das Spielzeug

toys

die Spielkonsole

video game console

das Dreirad

tricycle

der Teddy

teddy bear

der Kleiderschrank

wardrobe

die Kleidung
clothing

die Socken

socks

die Strümpfe

stockings

die Strumpfhose

tights

der Schal
scarf

der Regenschirm
umbrella

das T-Shirt
t-shirt

der Gürtel
belt

die Stiefel
boots

die Hausschuhe
slippers

die Turnschuhe
trainers

die Sandalen
sandals

die Schuhe
shoes

die Gummistiefel
rubber boots

die Unterhose
underpants

der Büstenhalter
bra

das Unterhemd
vest

die Kleidung - clothing

der Body
body

die Hose
trousers

die Jeans
jeans

der Rock
skirt

die Bluse
blouse

das Hemd
shirt

der Pullover
pullover

der Kapuzenpullover
hoodie

der Blazer
blazer

die Jacke
jacket

der Mantel
coat

der Regenmantel
raincoat

das Kostüm
costume

das Kleid
dress

das Hochzeitskleid
wedding dress

der Anzug

suit

das Nachthemd

nightgown

der Pyjama

pyjamas

der Sari

sari

das Kopftuch

headscarf

der Turban

turban

die Burka

burqa

der Kaftan

kaftan

die Abaya

abaya

der Badeanzug

swimsuit

die Badehose

trunks

die kurze Hose

shorts

der Jogginganzug

tracksuit

die Schürze

apron

die Handschuhe

gloves

die Kleidung - clothing

der Knopf

button

die Brille

glasses

das Armband

bracelet

die Halskette

necklace

der Ring

ring

der Ohrring

earring

die Mütze

cap

der Kleiderbügel

coat hanger

der Hut

hat

die Krawatte

tie

der Reißverschluss

zip

der Helm

helmet

der Hosenträger

braces

die Schuluniform

school uniform

die Uniform

uniform

das Lätzchen

bib

der Schnuller

dummy

die Windel

nappy

das Büro
office

der Server
server

der Aktenschrank
filing cabinet

der Drucker
printer

das Papier
paper

der Monitor
monitor

der Schreibtisch
desk

die Maus
mouse

der Ordner
folder

die Tastatur
keyboard

der Papierkorb
waste-paper basket

der Computer
computer

der Sessel
chair

der Kaffeebecher

coffee mug

der Taschenrechner

calculator

das Internet

internet

der Laptop

laptop

der Brief

letter

die Nachricht

message

das Handy

mobile

das Netzwerk

network

der Kopierer

photocopier

die Software

software

das Telefon

telephone

die Steckdose

plug socket

das Fax

fax machine

das Formular

form

das Dokument

document

kaufen

buy

bezahlen

pay

handeln

trade

das Geld

money

der Dollar

dollar

der Euro

euro

der Yen

yen

der Rubel

rouble

der Franken

Swiss franc

der Renminbi Yuan

renminbi yuan

die Rupie

rupee

der Bankomat

cashpoint

die Wechselstube

bureau de change

das Gold

gold

das Silber

silver

das Öl

oil

die Energie

energy

der Preis

price

der Vertrag

contract

die Steuer

tax

die Aktie

stock

arbeiten

work

der Angestellte

employee

der Arbeitgeber

employer

die Fabrik

factory

das Geschäft

shop

der Polizist
police officer

der Feuerwehrmann
fireman

der Koch
cook

die Ärztin
doctor

der Pilot
pilot

der Gärtner

gardener

der Tischler

carpenter

die Schneiderin

seamstress

der Richter

judge

die Chemikerin

chemist

der Schauspieler

actor

der Busfahrer

bus driver

der Taxifahrer

taxi driver

der Fischer

fisherman

die Putzfrau

cleaning lady

der Dachdecker

roofer

der Kellner

waiter

der Jäger

hunter

der Maler

painter

der Bäcker

baker

der Elektriker

electrician

der Bauarbeiter

builder

der Ingenieur

engineer

der Schlachter

butcher

der Installateur

plumber

die Briefträgerin

postman

der Soldat

soldier

der Architekt

architect

die Kassiererin

cashier

die Blumenhändlerin

florist

der Friseur

hairdresser

der Schaffner

conductor

der Mechaniker

mechanic

der Kapitän

captain

die Zahnärztin

dentist

der Wissenschaftler

scientist

der Rabbi

rabbi

der Imam

imam

der Mönch

monk

der Pfarrer

clergyman

der Hammer
hammer

die Zange
pliers

der Schraubenzieher
screwdriver

der Schraubenschlüssel
spanner

die Taschenlam
torch

der Bagger

digger

der Werkzeugkasten

toolbox

die Leiter

ladder

die Säge

saw

die Nägel

nails

der Bohrer

drill

reparieren
repair

die Schaufel
shovel

Scheiße!
Damn!

die Kehrschaufel
dustpan

der Farbtopf
paint pot

die Schrauben
screws

die Musikinstrumente
musical instruments

das Schlagzeug
drum kit

der Lautsprecher
loudspeaker

die Gitarre
guitar

der Kontrabass
double bass

die Trompete
trumpet

das Klavier

piano

die Violine

violin

der Bass

bass

die Pauke

timpani

die Trommeln

drums

die Tastatur

keyboard

das Saxophon

saxophone

die Flöte

flute

das Mikrofon

microphone

der Eingang
entrance

der Tiger
tiger

der Käfig
cage

das Zebra
zebra

das Tierfutter
animal feed

der Panda
panda

die Tiere

animals

der Elefant

elephant

das Känguru

kangaroo

das Nashorn

rhino

der Gorilla

gorilla

der Bär

bear

das Kamel

camel

der Strauß

ostrich

der Löwe

lion

der Affe

monkey

der Flamingo

flamingo

der Papagei

parrot

der Eisbär

polar bear

der Pinguin

penguin

der Hai

shark

der Pfau

peacock

die Schlange

snake

das Krokodil

crocodile

der Zoowärter

zookeeper

die Robbe

seal

der Jaguar

jaguar

das Pony

pony

der Leopard

leopard

das Nilpferd

hippo

die Giraffe

giraffe

der Adler

eagle

das Wildschwein

boar

der Fisch

fish

die Schildkröte

turtle

das Walross

walrus

der Fuchs

fox

die Gazelle

gazelle

das American Football
American football

das Radfahren
cycling

das Tennis
tennis

der Basketball
basketball

das Schwimmen
swimming

das Eishockey
ice hockey

das Boxen
boxing

der Fußball
football

das Badminton
badminton

die Leichtathletik
athletics

der Handball
handball

das Skifahren
skiing

das Polo
polo

springen jump

lachen laugh

umarmen hug

gehen walk

singen sing

träumen dream

beten pray

küssen kiss

schreiben
write

zeichnen
draw

zeigen
show

drücken
push

geben
give

nehmen
take

haben

have

machen

do

sein

be

stehen

stand

laufen

run

ziehen

pull

werfen

throw

fallen

fall

liegen

lie

warten

wait

tragen

carry

sitzen

sit

anziehen

get dressed

schlafen

sleep

aufwachen

wake up

ansehen

look at

weinen

cry

streicheln

stroke

frisieren

comb

reden

talk

verstehen

understand

fragen

ask

hören

listen

trinken

drink

essen

eat

zusammenräumen

tidy up

lieben

love

kochen

cook

fahren

drive

fliegen

fly

segeln

sail

rechnen

calculate

lesen

read

lernen

learn

arbeiten

work

heiraten

marry

nähen

sew

Zähne putzen

brush teeth

töten

kill

rauchen

smoke

senden

send

e Großmutter
andmother

der Großvater
grandfather

der Vater
father

die Mutter
mother

das Baby
baby

die Tochter
daughter

der Sohn
son

der Gast

guest

die Tante

aunt

der Onkel

uncle

der Bruder

brother

die Schwester

sister

die Stirn
forehead

das Auge
eye

die Schulter
shoulder

der Finger
finger

das Gesicht
face

das Kinn
chin

die Hand
hand

die Brust
breast

das Bein
leg

der Arm
arm

das Baby

baby

der Mann

man

die Frau

woman

das Mädchen

girl

der Junge

boy

der Kopf

head

der Rücken

back

der Bauch

belly

der Nabel

belly button

der Zeh

toe

die Ferse

heel

der Knochen

bone

die Hüfte

hip

das Knie

knee

der Ellbogen

elbow

die Nase

nose

das Gesäß

bottom

die Haut

skin

die Wange

cheek

das Ohr

ear

die Lippe

lip

der Mund

mouth

der Zahn

tooth

die Zunge

tongue

das Gehirn

brain

das Herz

heart

der Muskel

muscle

die Lunge

lung

die Leber

liver

der Magen

stomach

die Nieren

kidneys

der Geschlechtsverkehr

sex

das Kondom

condom

die Eizelle

ovum

das Sperma

semen

die Schwangerschaft

pregnancy

die Menstruation

menstruation

die Vagina

vagina

der Penis

penis

die Augenbraue

eyebrow

das Haar

hair

der Hals

neck

das Spital
hospital

die Rettung
ambulance

der Rollstuhl
wheelchair

der Bruch
fracture

die Ärztin

doctor

die Notaufnahme

emergency room

die Krankenschwester

nurse

der Notfall

emergency

ohnmächtig

unconscious

der Schmerz

pain

die Verletzung

injury

die Blutung

bleeding

der Herzinfarkt

heart attack

der Schlaganfall

stroke

die Allergie

allergy

der Husten

cough

das Fieber

fever

die Grippe

flu

der Durchfall

diarrhoea

die Kopfschmerzen

headache

der Krebs

cancer

die Diabetes

diabetes

der Chirurg

surgeon

das Skalpell

scalpel

die Operation

operation

das CT

CT

das Röntgen

x-ray

der Ultraschall

ultrasound

die Maske

face mask

die Krankheit

disease

das Wartezimmer

waiting room

die Krücke

crutch

das Pflaster

plaster

der Verband

bandage

die Injektion

injection

das Stethoskop

stethoscope

die Trage

stretcher

das Thermometer

clinical thermometer

die Geburt

birth

das Übergewicht

overweight

das Hörgerät

hearing aid

das Desinfektionsmittel

disinfectant

die Infektion

infection

das Virus

virus

das HIV / AIDS

HIV / AIDS

die Medizin

medicine

die Impfung

vaccination

die Tabletten

tablets

die Pille

pill

der Notruf

emergency call

der Blutdruckmesser

blood pressure monitor

krank / gesund

ill / healthy

Hilfe!

Help!

der Alarm

alarm

der Überfall

assault

der Angriff

attack

die Gefahr

danger

der Notausgang

emergency exit

Feuer!

Fire!

der Feuerlöscher

fire extinguisher

der Unfall

accident

der Erste-Hilfe-Koffer

first-aid kit

SOS

SOS

die Polizei

police

das Europa

Europe

das Nordamerika

North America

das Südamerika

South America

das Afrika

Africa

das Asien

Asia

das Australien

Australia

der Atlantik

Atlantic

der Pazifik

Pacific

der Indische Ozean

Indian Ocean

der Antarktische Ozean

Antarctic Ocean

der Arktische Ozean

Arctic Ocean

der Nordpol

North Pole

der Südpol

South Pole

die Antarktis

Antarctica

die Erde

Earth

das Land

land

das Meer

sea

die Insel

island

die Nation

nation

der Staat

state

das Ziffernblatt

clock face

der Stundenzeiger

hour hand

der Minutenzeiger

minute hand

der Sekundenzeiger

second hand

Wie spät ist es?

What time is it?

der Tag

day

die Zeit

time

jetzt

now

die Digitaluhr

digital watch

die Minute

minute

die Stunde

hour

der Montag — Monday
der Mittwoch — Wednesday
der Freitag — Friday
der Dienstag — Tuesday
der Donnerstag — Thursday
der Samstag — Saturday
der Sonntag — Sunday

gestern

yesterday

heute

today

morgen

tomorrow

der Morgen

morning

der Mittag

noon

der Abend

evening

MO	TU	WE	TH	FR	SA	SU
1	2	3	4	5	6	7
8	9	10	11	12	13	14
15	16	17	18	19	20	21
22	23	24	25	26	27	28
29	30	31	1	2	3	4

die Arbeitstage

business days

MO	TU	WE	TH	FR	SA	SU
1	2	3	4	5	6	7
8	9	10	11	12	13	14
15	16	17	18	19	20	21
22	23	24	25	26	27	28
29	30	31	1	2	3	4

das Wochenende

weekend

der Regen
rain

der Regenbogen
rainbow

der Schnee
snow

der Wind
wind

der Frühling
spring

der Herbst
autumn

der Sommer
summer

der Winter
winter

die Wettervorhersage

weather forecast

das Thermometer

thermometer

der Sonnenschein

sunshine

die Wolke

cloud

der Nebel

fog

die Luftfeuchtigkeit

humidity

der Blitz

lightning

der Donner

thunder

der Sturm

storm

der Hagel

hail

der Monsun

monsoon

die Flut

flood

das Eis

ice

der Jänner

January

der Februar

February

der März

March

der April

April

der Mai

May

der Juni

June

der Juli

July

der August

August

der September

September

der Oktober

October

der November

November

der Dezember

December

die Formen
shapes

der Kreis

circle

das Quadrat

square

das Rechteck

rectangle

das Dreieck

triangle

die Kugel

sphere

der Würfel

cube

weiß

white

gelb

yellow

orange

orange

pink

pink

rot

red

lila

purple

blau

blue

grün

green

braun

brown

grau

grey

schwarz

black

viel / wenig

a lot / a little

wütend / friedlich

angry / calm

hübsch / hässlich

beautiful / ugly

der Anfang / das Ende

beginning / end

groß / klein

big / small

hell / dunkel

bright / dark

der Bruder / die Schwester

brother / sister

sauber / schmutzig

clean / dirty

vollständig / unvollständig

complete / incomplete

der Tag / die Nacht

day / night

tot / lebendig

dead / alive

breit / schmal

wide / narrow

genießbar / ungenießbar

edible / inedible

böse / freundlich

evil / kind

aufgeregt / gelangweilt

excited / bored

dick / dünn

fat / thin

zuerst / zuletzt

first / last

der Freund / der Feind

friend / enemy

voll / leer

full / empty

hart / weich

hard / soft

schwer / leicht

heavy / light

der Hunger / der Durst

hunger / thirst

krank / gesund

ill / healthy

illegal / legal

illegal / legal

gescheit / dumm

intelligent / stupid

links / rechts

left / right

nah / fern

near / far

neu / gebraucht

new / used

nichts / etwas

nothing / something

alt / jung

old / young

an / aus

on / off

offen / geschlossen

open / closed

leise / laut

quiet / loud

reich / arm

rich / poor

richtig / falsch

right / wrong

rau / glatt

rough / smooth

traurig / glücklich

sad / happy

kurz / lang

short / long

langsam / schnell

slow / fast

nass / trocken

wet / dry

warm / kühl

warm / cool

der Krieg / der Frieden

war / peace

die Gegenteile - opposites

die Zahlen
numbers

0

null

zero

1

eins

one

2

zwei

two

3

drei

three

4

vier

four

5

fünf

five

6

sechs

six

7

sieben

seven

8

acht

eight

9

neun

nine

10

zehn

ten

11

elf

eleven

12

zwölf

twelve

13

dreizehn

thirteen

14

vierzehn

fourteen

15

fünfzehn

fifteen

16

sechzehn

sixteen

17

siebzehn

seventeen

18

achtzehn

eighteen

19

neunzehn

nineteen

20

zwanzig

twenty

100

hundert

hundred

1.000

tausend

thousand

1.000.000

Million

million

Englisch

English

Amerikanisches Englisch

American English

Chinesisch (Mandarin)

Chinese Mandarin

Hindi

Hindi

Spanisch

Spanish

Französisch

French

Arabisch

Arabic

Russisch

Russian

Portugiesisch

Portuguese

Bengalisch

Bengali

Deutsch

German

Japanisch

Japanese

ich
I

du
you

er / sie / es
he / she / it

wir
we

ihr
you

sie
they

Wer?
who?

Was?
what?

Wie?
how?

Wo?
where?

Wann?
when?

Name
name

hinter

behind

in

in

vor

in front of

über

over

auf

on

unter

under

neben

beside

zwischen

between

der Ort

place